포 항

2020

//

포항

— 포스코

김재석

사이재

시인의 말

6·25전쟁 중에
남북접경지역 못지않게
중요한 지역이
낙동강 방어선이다

다부동전투로
유명세를 단단히 치룬 칠곡에 이어
포항을 만났다

포항 탈환을 위한
아군의 폭격으로
잿더미가 된
포항은 상상이 되지 않는다

그 잿더미에서
다시 일어선 포항이
장하다

  2020년 겨울
  일속산방一粟山房에서
  작시치作詩痴 김 재 석

차례

포항

시인의 말

1부

포항 13
포항 1 15
포항 2 17
포항 3 19
포항 4 21
포항 5 23
포항 6 26
포항 7 28
포항 8 30
포항 9 32
포항 10 33
포항 11 34
포항 12 36
포항은 항구다 37

2부

학도의용군 전승기념관의 눈빛 전언 41
죽장 지구 구암산 전투 42
인천 상륙 이전에 포항 상륙작전이 있었다 44
6·25전쟁 중 안강과 기계가 상처를 입다 46
소티재가 이따금 불쾌한 추억에 시달릴 때가 있다 48
포항여중 전투가 '포화 속으로'를 낳았다 50
학도의용군 6·25 전적비 앞에서 52
흥남철수작전 이전에 송라 독석리 3사단 철수작전이 있었다 54
민 부대가 포항을 탈환하기 전에 폭격과 포격이 있었다 57
비학산이 본의 아니게 부역을 하다 59
6·25전쟁 중에 삿갓봉고지가 피아에 의해 시달리다 61
곤재봉은 지금 무슨 생각에 사로 잡혀 있을까 63
형산강은 연제근 상사를 기억하고 있다 65
6·25전쟁 중에 영일 비행장이 활약을 하다 67
미 해병 제1사단이 포항 게릴라 헌트 작전에서 대활약을 하다 69

3부

비 내리는 오어사吳魚寺 73

오어사 해수관음보살상 입술이 앵둣빛이다 74
오어사 동종 76
오어사 연리지 배롱나무 77
자장암慈藏庵 78
원효교는 일체유심조로 가는 길이다 80
가을 원효암과 눈빛을 주고받다 82
원효암 접시꽃 앞에서 84
보경사는 책임이 무겁다 85
보경사가 인상을 구긴 적이 없다 87
보경사 장독대 89
보경사 가을 탱자나무 91
용화사 탄생기 93

4부

형산강 97
호미곶 일출 98
내연산은 모든 이들과 내연관계이다 100
오어사 102
호미반도 해안 둘레길은 눈도장 찍어야 할 게 너무 많다 104
밤이면 영일대가 포스코에 꽂히다 106
죽장 하옥계곡이 야영과 취사를 허용하다 107
포항운하 108
경상북도 수목원을 가을에 만나다 110

연오랑 세오녀 테마공원은 일본 친선대사다 112
철길숲과 불의 정원이 얼굴 내밀었다 114
장기유배문화체험촌은 생각을 업그레이드해야 한다
  116
구룡포 근대역사관의 눈빛 전언 118
구룡포 일본인 가옥거리 120
호미곶은 '상생의 손'이 말한다 122
국립등대박물관은 이용후생의 달인이다 124
오천서원이 정몽주 유허비를 챙기다 126
포항이 서원을 이리 많이 낳은 까닭은 128
포항이 머리가 큰 이유를 뒤늦게 알았다 130
형산과 제산은 형제간이다 132
형산과 제산이 눈빛을 주고받다 134
장기가 다산에게 안겨준 게 적지 않다 136
포항이 이육사로 하여금 청포도를 낳게 하다 138
포항에 땅끝마을이 있다 139
그 많은 갈대들은 다 어디로 갔는가 140
송도 해변 평화의 여신상이 내 눈에 담기다 142

호미곶 등대(김재우)

1부

포항
― 서시

단단하다

선천적인가,
후천적인가

시대의
담금질, 담금질이
단단하게 만들었을 것이다

6 · 25전쟁이
그걸 입증하고도 남는다

칠십 년이 지난
포항여중 전투도
형산강 전투도
기계 · 안강 전투도
멀다면 멀고
가깝다 하면 가깝다

다가올 과거에
신경을 곤두세우고

지나간 미래는 소홀히 하는지 알았더니
그게 아니다

지나간 미래를
징검다리 삼았다

단단하다,
다이아몬드만치나

포항 1

꿈이
뭣인가 들여다봤더니
시대의 용광로이다

시대의 불순물을 제거한 뒤
녹여
새롭게 태어나게 하는
기술이 있다

포항제철이
그냥 태어난 게 아니라
이미
포항과 영육 간에 통한 것이다

늠름한
포항제철을 믿고
큰일 하도록
뒤에서 팍팍 밀어주었다

지금은
포항제철이

밀어준 것에 대하여
몇 배로 갚고 있다

꿈이
뭣인가 들여다봤더니
시대의 용광로이다

포항 2

하늘과 땅, 바다가
위아래서 옆에서
닦달해서
부지런한 게 아니라
천성이 부지런하다

하늘과 땅, 바다가
감시하고 있는지
지켜주고 있는지
헷갈린다

하늘과 땅, 바다를
믿어야 하지만
믿는 발등에
도끼가 찍힌다는 말이
그냥 태어난 게 아니다

그러니까
하늘과 땅, 바다가
삐딱하게 굴 때도 있다는 걸
근래 알았다

피하지 못할 일은
피하지 못하기에
나중 형편이 더 나빠지지 않게
지혜를 발휘하고 있다

하늘과 땅, 바다가
위아래서 옆에서
닦달해서
부지런 한 게 아니라
천성이 부지런하다

포항 3

어깨에 힘주어도
누가 뭐라 하지 않을 텐데
어깨에 힘준 적 없다

어깨에 힘주지 않는 건
이웃을 배려하여서다

저명인사인 포스코 말고도
일일이 거명하지 못할 정도로
내세울 게 많다

호미곶,
호미곶에 함께하고 있는
저명인사들이
시너지효과를 발휘하고 있다

국립등대박물관을 중심으로
똘똘 뭉친
상생의 손,
새천년기념관,
바다화석박물관,

수석박물관 좀 봐

어깨에 힘주어도
누가 뭐라 하지 않을 텐데
어깨에 힘준 적 없다

포항 4

단단하여
다들 감정이 무딘 줄 아는데
그렇지 않다

눈물, 눈물
까닭 있는 눈물도 많다

학도병 이우근 편지비 앞에서
눈물을 흘리지 않는
포항은 없다

학도병 이우근 편지비 앞에서
한 번만 눈물을 흘리는 게 아니라
학도병 이우근 편지비를 만날 때마다
눈물을 흘린다

눈물을 흘리지 않으려고
허벅지를 꼬집는
포항도 있다

포항이 이리 눈물을 흘리는데

먼 걸음을 한 길들은 어떠하겠는가

단단하여
다들 감정이 무딘 줄 아는데
그렇지 않다

포항 5

충혼 시설이
한두 개도 아니고
몇 개도 아니고
여러 개인 것은
6 · 25전쟁 중에
박 터지게 싸웠다는 것이다

전몰학도충혼탑,
포항지구 전투 전적비,
반공순국청년동지위령비,
미 해병 제1비행단 전몰용사충령비,
위령탑,
학도의용군 6 · 25 전적비,
포항여중 전투 학도의용군 명비,
포항지구 전적비,
고 육군 대위 안동권공태흥지위령비,
영일군 반공 영령비,
한미 해병대 충혼탑,
위령탑

한 번에 다 거명하기에

벅찰 정도 많다

호국학도 충의탑,
학도의용군전승기념관,
충혼탑,
천마산 · 도음산 전투 위령비,
학도병 이우근 편지비,
6 · 25참전 유공자 명예선양비,
형산강 도하작전 특공대 군상,
무공수훈자 전공비,
충혼탑,
해군육전대 전적비,
충혼비,
한국전쟁 미군폭격사건 민간인희생자 위령탑,
동지상업중학생 6 · 25전쟁 호국영웅탑,
학도의용군 호국영웅 명비탑,
기계 · 안강지구 전투 전적비

한 번에 거명하기에
숨도 벅찬
스물다섯 개나 되는 걸

여러 개라 부르는 것도
이치에 맞지 않다

빌어먹을
냉전 이데올로기,
냉전 이데올로기만 아니었다면
동족상잔은 없었을 텐데

충혼 시설이
한두 개도 아니고
몇 개도 아니고
이리 많은 것은
박 터지게 싸웠다는 것이다

*『포항 6·25』를 참조하였다.

포항 6

6·25전쟁 중에
북한군에게 피를 보고서도
같은 동족이라고
북한이 다른 나라와 경기를 할 때면
북한 편을 드는 걸 보면
알다가도 모를 일이다

국군과 박 타지게 싸운
북한의 어느 도시도
남한이 다른 나라와 경기를 하면
남한 편을 드는지
궁금하다

어느 도시보다
다시는 우리 민족이
동족상잔의 길을 걷지 않도록 하는 데에
포항이 애를 많이 쓰고 있다는 걸
충혼 시설들이 입증하고 있다

저 많은 충혼 시설들이
우리 민족이 똑같은 과오를 저지르지 않도록

뒤에서 팍팍 밀어주기 위하여 태어났다

복수하려고 태어난 게 아니다,
절대로

우두커니 서 있으려고 태어난 게 아니다,
더더욱

포항 7

포항의 지나간 미래는 다양하지만
포항의 다가올 과거도 다양하겠지만
포항의 다가온 과거는
포스코다

포항이 뒷바라지한 포스코가
포항을 뒷바라지하고 있다,
지금은

철의,
철에 의한
철을 위한 세상을 꿈꾸는
포스코 역사관으로 하여금
인류의 삶과 철의 관계에 대한
모든 것을 말해 주게 하고 있다

포스코를 낳은
포항에게 신세지지 않은
대한민국은
눈을 씻고 봐도 찾아볼 수 없다

포항의 지나간 미래는 다양하지만
포항의 다가올 과거도 다양하겠지만
포항의 다가온 과거는
포스코다

포항 8

너그럽다

멱살을 잡고 흔들고 싶은
일본인 가옥거리를
그대로 나둔 걸 보니

구룡포 근대역사관으로 변신한
하시모토 젠기치 가옥에
일본인들을 초청하여
추억을 되새김질하게 하는 걸 보면
그야말로 관대하다

한반도를 교두보 삼아
아시아 대륙에
발붙일 생각을 안 해야 하는데
분단된 한반도를 만만하게 보고
다시 발붙일 생각을
일본인들이 할까 봐
무섭다

일본인 가옥거리가

일본인들이
다시 발붙일 생각을 하지 못하게 하는 데
일조할 생각을 해야지
다시 발붙일 생각을 하게 하는 데
일조한다면
가만두지 않을 것이다

너그러워도
절대로
방관하지 않는다

포항 9

사랑을 아무나 하는 게
아니듯이
운하가 아무데나 있는 게 아니다

'포항철길숲'과 '불의 정원'과
동고동락하는
포항운하가
형산강을 맛보게 해 줄 것이다

형산강,
형산강이 아니었다면
경주도
부산도
삽시간에 무너지고
한반도는 북한군의 수중에 넘어갔을 것이다

한반도를 구한
형산강이
바로 포항운하다

사랑을 아무나 하는 게
아니듯이
운하가 아무데나 있는 게 아니다

포항 10

포항은 해병대다

아니다
아니다

해병대는 포항이다

한 번 해병은
영원한 해병

해병대보다
포항이 먼저다

포항 11

단단하기만 한 게 아니라
탄탄하기도 하다

반반한 자식인
포스코가 효자 노릇을 하고 있다

포스코가
효자 노릇할 줄 알고 낳은 게 아니라
대의를 위해
소의인
송도, 송도가
살신성인한 결과이다

송도, 송도만
살신성인한 게 아니라
해도, 죽도, 상도, 대도도
살신성인하였다

포스코,
포스코가
우리나라를 넘어

세계를 책임지고 있다

단단하기만 한 게 아니라
탄탄하기도 하다,
누가 봐도

포항 12

부족한 게 없고
나무랄 게 없는 포항도 고민이 있다

고민을
입 밖으로 내지 않을 뿐이다

뭔가
대책을 세우고 있을 것이다

내가 털어놓지 않아도
그걸 모르는 포항은 없다

호사다마가
발을 붙인 것이다

절대로
우왕좌왕해서는 안 된다

나무랄 게 없고
부족한 게 없는 포항도 고민이 있다

포항은 항구다

포항은 항구다,
누가 말하나 마나

항구가
하나도 아니고
둘도 아니고
셋도 아니고 넷이나 된다

동빈내항,
구룡포항,
포항신항,
영일만항이
맡은 바 책임과 의무를 다하고 있다

늦둥이인
포항신항과
영일만항이
동빈내항과
구룡포항보다 잘나간다고 뻐긴 적이 없다

선배인

동빈내항,
구룡포항도
늦둥이인
포항신항과
영일만항의 사기를
북돋아 주면 북돋아 주지
사기를 꺾으려 한 적이 없다

각기 맡은 임무가 다르기에
남의 걸 넘볼 필요도 없다

누가 말하나 마나
포항은 항구다

* 네 곳 이외에 다른 항구도 있으나 대표적인 항구를 예로
들었다.

2부

학도의용군 전승기념관의 눈빛 전언

먼 걸음을 한 길들에게 당부하고 당부한다

학도의용군의 죽음이 헛되지 않게
다시는 우리 민족이
동족상잔의 길을 걷지 않는 데
일조하라고

우리민족이
분단을 극복하는 것이
우리의 숙제이니
하루 빨리 숙제를 끝내라고

학도의용군,
학도의용군이
11시간 동안
북한군의 발목을 붙들지 않았다면
어떤 세상이 되었을까
생각해 보라고

먼 걸음을 한 길들에게 당부하고 당부한다,
눈빛으로

죽장 지구 구암산 전투

육상전투부대인
용호대와 강호대가 의기투합한 육전대가
구암산에서
북한군 게릴라를 소탕하였다

북한군
생포 4명,
사살 161명

아군
중상 3명,
경상 2명

구암산 전투가
정창룡은 대위로,
박승도는 중위로
1계급 특진시켰다

이기환,
송세준,
유명식 병사들도

1계급 특진시켰다

'구암산 전투만 같아'란 말을
내가 뱉지 않는 것은
적군이
내 동포 내 형제여서다

육상전투부대인
용호대와 강호대가 의기투합한 육전대가
구암산에서
북한군 게릴라를 소탕하였다

인천상륙작전 이전에 포항상륙작전이 있었다

선글라스와 동고동락한
인천상륙작전 이전에 포항상륙작전이 있었다

인천상륙작전의 암호는
크로마이트였고
포항상륙작전의 암호는
블루 하트였다

미 제1기병사단의
5기병연대, 제8기병연대를 비롯한
상륙부대가
무사히 포항에 상륙할 때까지
포항이 입을 단단히 봉하였다

포항에서 불과 24마일 밖 영덕에서
치열한 전투가 벌어진 가운데
도일제독의 지시에 따라 이루어진
상륙작전은
등잔 밑이 어둡다는 속담을 생각케 했다

무기와 장비를 챙긴

운송함 AKA와
15척의 LST함정 등이
수고를 아끼지 않았다

동해안 경비 함정들이
포항 근해를 호위하였어도
떨리지 않을 수 없었다

상륙에 성공한 제1기병사단은
포항역에서 수송열차와 차량을 이용하여
쏜살 같이
중부전선으로 달려갔다

파이프와 동고동락한
인천 상륙 이전에 포항 상륙작전이 있었다

6 · 25전쟁 중 안강과 기계가 상처를 입다

6 · 25전쟁 중 안강과 기계가 상처를 입었다

파죽지세,
혼비백산,
아수라장이 득세한
6 · 25전쟁이
안강과 기계에게 상처를 입힌 것이다

안강과 기계만 상처를 입은 게 아니라
한반도. 한반도가 다 상처를 입었지만
그중에서도 안강과 기계가
경주와 울산 그리고 부산으로 가는 길목이어
가장 크게 상처를 입었다

동족끼리
죽이고 죽이니
그것도 심하게 죽이고 죽이니
안강과 기계가
육체만 상처를 입은 게 아니라
영혼도 상처를 입었다

안강과 기계가
냉전 이데올로기란 말만 나오면
옻나무처럼 여기는 이유가
여기에 있다

6·25전쟁 중 안강과 기계가 상처를 입었다,
아주 크게

소티재가 이따금 불쾌한 추억에 시달릴 때가 있다

소티재가 이따금 불쾌한 추억에 시달릴 때가 있다

잊지 말아야 할 것은
잊고
잊어야 할 것은
잊지 못한다는 말 그대로다

학도병,
학도병들이
자신의 품에서 산화한 것이다

포항여중 전투 이전에
소티재 고지에서 벌어진 백병전에서
중과부적으로
펜 대신에 총을 둔 학도병들이
북한군에 깨진 것이다

그냥 깨져도
무참히 깨진 것을
소티재가 다 지켜보았다

말릴 수만 있다면
말렸을 텐데
동족끼리 무슨 짓이냐며
북한군과 학도병들 사이에 끼어들어
말렸을 텐데……

소티재가 이따금 불쾌한 추억을 넘어
악몽에 시달릴 때도 있다

포항여중 전투가 '포화 속으로'를 낳았다

학도의용군 71명 중에
47명이 산화한
포항여중 전투가 '포화 속으로'를 낳았다

실화에 바탕을 둔
'포화 속으로'가
포항여중 전투 그대로는 아니지만
포항여중 전투에 크게 신세진 게 사실이다

포항여중 전투가
'포화 속으로'만 낳은 게 아니라
'고지전'을 낳는 데도 일조하였다

'포화 속으로'와
'고지전'이 들으면 서운하겠지만
포항여중 전투에서
산화한 48명의 학도의용군이
살아 돌아올 수 있다면
'포화 속으로'와
'고지전'이 태어나지 않아도 좋다

북한군의 발목을
11시간이나 붙든
포항여중 전투가 '포화 속으로'를 낳았다

학도의용군 6·25 전적비 앞에서

학도의용군 6·25 전적비 앞에서
가슴이 무너져 내린다

학도의용군 6·25 전적비 앞에서
가슴이 무너져 내리지 않고
배길 수 있는
먼 걸음을 한 길들은 없다

감정이 무딘 사람도
무뇌아도
가슴이 무너져 내린다

냉전 이데올로기의 희생양인 된
펜 대신에 총을 든
학도의용군을 기린
학도의용군 6·25 전적비 앞에서
먼 걸음을 한 길인 내가
눈물을 보이지 않으려고
죄 없는
허벅지를 꼬집는다

학도의용군 6 · 25 전적비도
가슴이 무너져 내린
나를 보기가 민망한지
나를 똑바로 보지를 못한다

흥남철수작전 이전에 송라 독석리 3사단 철
  수작전이 있었다

장진호 전투가 낳은
흥남철수작전 이전에
기계전투가 낳은
송라 독석리 3사단 철수작전이 있었다

북한군 5사단이 흥해를 차단하자
퇴로가 막힌 3사단은
장사리를 사수하면서
포항으로 남하하는
북한군 제5사단의 전차와 포병 이동을
영덕 남정 일대에서 저지하라는
명령까지 부여받았다

장자리 진지 사수 명령까지
이중고에 시달리는
3사단을
북한군이 계속 압박할 때
미 전폭기와 미 순양함 헤레나 호와
3척의 구축함이 가만있지 않았다

북한군이 남북으로 협공하려는 징후를 포착한

3사단은
송라면 독석리와 조사리 사이에
해두보를 확보하였다

462고지 봉황산, 구계리에서
북한군과 교전이 계속되는 가운데
3사단은 장사리 남쪽 진지로 이동하여
부상자들을 후송하는 데
국군 병원선이 혼신을 다했다

북한군이 계속 포위망을 좁혀오자
책임 못질
구계리, 월포리에 신세를 지고 있는
3사단에게
해상 철수 명령이 하달되었다

송라 독석리 3사단 철수작전은
제23연대가 송라면 지경리 화진리를 사수하는 가운데
제22연대는 화진리와 독석리까지 철수하였다

피란민들 속

북한군 첩자들에게
철수작전 정보가 들어가지 않게 하면서
증원군이 해안에 도착한 것처럼 꾸민
송라 독석리 3사단 철수작전은
우여곡절 끝에
미 순양함 헤레나 호와
4척의 구축함의 도움을 받아 이루어졌다

장진호 전투가 낳은
흥남철수작전 이전에
기계전투가 낳은
송라 독석리 3사단 철수작전이 있었다

민 부대가 포항을 탈환하기 전에 폭격과 포격이 있었다

민기식 대령과 동고동락한
민 부대가 포항을 탈환하기 전에 폭격과 포격이 있었다

북한군에 의해
포항이 어장나기도 하였지만
빈대인 북한군을 잡기 위하여
외양간을 불태우듯이
포항을
아군이 잿더미로 만들어버렸다

북한군이 점령한
포항과 안강 사이 북방 지대를 탈환하기 위한
폭격과 포격은
누구도
무엇도 가리지 않았다

폭격과 포격으로부터
가까스로 살아남은 북한군들을
민 부대가
미 브래들리 특수임무부대 전차의
지원을 받아가면서

작살냈다

포로 180명,
야포 및 박격포 53문,
기관총 160정,
소총 940정의 수확도 거두었다

민기식 대령과 동고동락한
민 부대가 포항을 탈환하기 전에 폭격과 포격이 있었다

비학산이 본의 아니게 부역을 하다

기계전투에서 타격을 입은
북한군 12사단이 비학산으로 달아나는 바람에
비학산이 본의 아니게
부역을 하였다

부역도 부역 나름인데
자발적으로 부역을 한 게 아니라
비학산이 가만히 있어도
비학산을 수중에 넣은
북한군의 완강한 저항을
국군이 감당하지 못하여
결국 부역을 한 것이다

북한군이 수중에 넣은
비학산을
북한군의 수중에서 벗어나게 하기 위해서 치룬
전투가
비학산을 어장나게 했다

죄없는
비학산이

이리 치이고
저리 치인 것이다

기계전투에서 타격을 입은
북한군 12사단이 비학산으로 달아나는 바람에
비학산이 본의 아니게
부역을 하였다

6·25전쟁 중에 삿갓봉고지가 피아에 의해 시달리다

6·25전쟁 중에
천마산이라 불린 삿갓봉고지가
피아에 의해 시달렸다

삿갓봉 고지가
피아에 의해 시달린 것은
삿갓봉 고지가 키는 작아도
주변 야산과 개활지를 감시할 수 있고
흥해, 창포동, 포항으로 이어지는
접근로를 통제할 수 있는
전망 좋은 곳이어서다

전망 좋은 삿갓봉고지가
낮에는 아군의 수중에
밤에는 적군의 수중에 들어가는 일이
반복되었다

삿갓봉고지를
수중에 넣겠다고
적군과 아군이 전투를 치루는 바람에
애먼 삿갓봉만 작살이 났다

삿갓봉은
전망 좋은 곳에 태어난 것을
처음으로 후회했을 것이다

여차여차
삿갓봉고지가
아군의 수중에 들어오기까지
삿갓봉고지가 겪은 수난은
말로 표현하는 게 불가능할 정도였다

6·25전쟁 중에
천마산이라 불린 삿갓봉고지가
피아에 의해 작살이 났다

곤재봉은 지금 무슨 생각에 사로 잡혀 있을까

6·25전쟁 중에
망연자실과 가까이한
곤재봉은 지금 무슨 생각에 사로 잡혀 있을까

제17연대가 15회나 역습을 하여
마침내 차지한
곤재봉은
그 당시 몸이 망가질 대로 망가졌다

백병전으로
곤재봉의 주인이 바뀔 때마다
곤재봉의 몸은 작살이 나고
맛보지 말아야 피아의 피는
곤재봉으로 하여금
더 살아보고 싶은 마음이 없게 하였을 것이다

하지만
더 살아보고 싶다고 해서
더 살 수 있는 것도 아니고
더 살고 싶지 않다고 해서
더 살 수 없는 것도 아닌 게

곤재봉의 운명이었다

6 · 25전쟁 중에
망연자실과 가까이한
곤재봉은 지금 무슨 생각에 사로 잡혀 있을까

형산강은 연제근 상사를 기억하고 있다

형산강은
연제근 상사를 기억하고 있다

연제근 상사를 기억하고 있는 정도가 아니라
잊을래야
잊을 수가 없다

1950년 9월 17일
제3사단 22연대 1대대 분대장
연제근 상사가
12명의 분대원을 이끌고
적의 기관포 진지를 파괴하기 위하여
작전을 수행할 때
형산강이 처음부터 끝까지 다 지켜보았다

그 작전을 수행하느라
연제근 상사를 포함하여
9명이 목숨을 바칠 때까지
형산강은
어떠한 조치도 취하지 못했다

이따금 형산강이
연제근,
연제근을
중얼거리며 흐르는 게
다 이유가 있었다

형산강은
연제근 상사를 잊은 적이 없다

6·25전쟁 중에 영일 비행장이 활약을 하다

포항이 낳은 영일 비행장이
6·25전쟁 중에 크게 활약을 하였다

영일비행장이 팍팍 밀어주지 않았다면
6·25전쟁의 양상이 많이 달라졌을 것이다

미 공군의 순발력이 떨어져
전선이 교착 상태에 빠져
한치 앞을 알 수 없었을 것이다

영일비행장이
포항만 구한 것이 아니라
우리나라를 구했다

전투마다
미 공군이
사전에 폭격으로 북한군을 작살냈기에
전의를 상실한
북한군을 거뜬히 무너뜨릴 수 있었던 것이다

영일비행장,

영일비행장이
화랑무공훈장을 받았는지
그것이 알고 싶다

포항이 낳은 영일 비행장이
6·25전쟁 중에 크게 활약을 하였다

* 2부 전쟁 관련 시들은 『포항 6·25』에 신세졌음을 밝힌다.

미 해병 제1사단이 포항 게릴라 헌트 작전에서 재미를 봤다

미 해병 제1사단이 포항 게릴라 헌트 작전에서
재미를 봤다

장진호 전투에서
중공군의 포위망을 뚫고 살아남은
미 해병 제1사단은
포항 게릴라 헌트 작전 직전에
마산과 동고동락하고 있었다

연합군의 배후로 잠입하여
후방을 교란할 목적으로
포항까지 투입된
게릴라 부대 북한군 10사단은
아군에게 급한 불이었다

포항을 다시 위기에 빠뜨릴 수 있는
급한 불인
북한군 게릴라를 소탕하기 위하여
미 해병 제 1사단이
마산에서 포항으로 달려갔다

찬물인
미 해병 제1사단에게 쫓기고 쫓기면서도
급한 불인
북한군 게릴라들은 이따금 반격을 가했다

찬물인 미 해병 1사단은
나중에 합류한
또 다른 찬물인 국군 해병 제1연대와 함께
급한 불인
북한군 10사단 게릴라 부대를
쫓고 또 쫓았다

결국 무기력해진
급한 불인 게릴라부대는
찬물인
미 해병 제1사단과 국군 해병 제1연대에
와해되고
살아남은 이들은 삼십육계三十六計에 목을 맸다

미 해병 제1사단이 포항 게릴라 헌트 작전에서
재미를 봤다

3부

비 내리는 오어사吾魚寺

개명하기 전에는
갠지스강의 모래알만치나 많은
부처를 꿈꾸더니

개명한 뒤에는
하늘에서 내리는 빗방울만치나 많은
부처를 꿈꾸다니

할喝!

오어사 해수관음보살상 입술이 앵둣빛이다

흰 옷 입은
해수관음보살상 입술이 앵둣빛이다

앵둣빛
앵둣빛

해수관음보살상 입술이 앵둣빛인 것은
살아 계시다는 것이다

해수관음보살상 입술에 꽂힌
내 눈빛을
해수관음보살상이 부담스러워하실 것 같다

눈치껏 바라봐야지
노골적으로 바라보면 안 된다

해수관음보살상 입술에 꽂힌 나의
일거수일투족을
오어사 당우들이 지켜보고 있다

뒤통수가 간지러운 것이

그걸 입증한다

흰 옷 입은
해수관음보살상 입술이 앵둣빛이다

오어사 동종

포클레인,
포클레인 덕에
세상 밖으로 다시 얼굴 내밀었다

포클레인이 아니었더라면
여전히 땅 속에
죽은 듯이 묻혀 있을 것이다

세상 밖으로
다시 불러내 준 포클레인이
부처다

누구든
자신을 구원해 준 분이
바로 부처다

포클레인,
포클레인 덕에
유물전시관에서 편히 지내고 있다

오어사 연리지 배롱나무

처음에는 어색했을 것이다

어색할 뿐만 아니라 남세스러웠을 것이다

어느 순간에
국경을 초월하고
종도 초월하는 게 사랑인데
뭐가 잘못이냐는 생각이 들었을 것이다

점점 낯짝이 두꺼워졌을 것이다

결국 나중에는
보란 듯이
당당한 자세를 취하게 됐을 것이다

지금은
주야로
해와 달, 별빛을 챙기느라 정신이 없다

자장암慈藏庵

먼 걸음을 한 길들 한 분 한 분을 다
꽃 보듯 하신다

맘에 들지 않는 길,
맘에 드는 길 가리지 않고
모두 다
꽃 보듯 하신다

먼 걸음을 한 길들 한 분 한 분을 다
꽃 보듯 하시면서
먼 걸음을 한 길들의 향기를
맡으신다

코를 킁킁거려도
소리가 들리지 않는 걸 보면
기술이 좋다

그게 취미인지
그게 특기인지
헷갈린다

먼 걸음을 한 길들 한 분 한 분을 다
꽃 보듯 하신다

원효교는 일체유심조이다

오어지
흔들다리
원효교는 일체유심조이다

원효교가
일체유심조라는 걸 알고
일체유심조를 가슴에 새기고
건너는 길도 있고
그냥 건너는 길도 있다

대오각성,
대오각성은
보리수 밑에서만 하는 게 아니라
흔들다리인
원효교에서도 가능하다

일체유심조인
흔들다리
원효교에서
어디가 피안이고
어디가 차안인지

잠시 헷갈리다가
그것마저
일체유심조라는 생각에 다다른다

오어지
흔들다리
원효교는 일체유심조이다

가을 원효암과 눈빛을 주고받다

해와 달, 별빛을 챙길 대로 챙긴
단풍나무가 대세인
가을 원효암과 눈빛을 주고받는다

내가 일체유심조라 눈빛을 보내자
나를 가상하게 여긴
원효암의 표정이 환해진다

머지않아 방하착과 가까이 지낼
단풍나무들에 취한 내가
일체유심조를 가슴에 새긴 걸 눈치챈
원효암의 인상이 환하다

원효암이 인상을 구기기라도 하는 날이면
먼 걸음을 한 길인 내가
마음이 편치 않을 텐데
선수학습을 한 게 효과를 발휘하였다

무슨 일에나
선수학습, 선수학습이 중요하다는 걸
원효암이 나에게 가르치지 않고

가르친다

해와 달, 별빛을 챙길 대로 챙긴
단풍나무가 대세인
가을 원효암과 눈빛을 주고받은 뒤 돌아서는
나의 발길도 일체유심조다

원효암 접시꽃 앞에서

일체유심조 원효암이 내 앞에
접시꽃을 내민다

삐긋이
웃음이 나온다

연꽃만 연꽃이 아니라
원효암이 내민 꽃들은
다 연꽃이다

꺾지 않고
얼굴 내민 접시꽃이
한 송이가 아니라
여럿이다

나오려는
큰 웃음을 참느라
허벅지를 꼬집는다

보경사는 책임이 무겁다

보물창고인
보경사는 책임이 무겁다

적광전,
원진국사 승탑,
원진국사비,
동종,
괘불이
그냥 보물이 아니라
국가가 공인한 보물이다

타고난
보물창고인
보경사 어딘가에
거울이 묻혀 있다는 것을
모르는 이가 없다

상구보리하화중생 이외에
국가가 인정한
보물들을 잘 지켜야 한다

보물창고인
보경사는 책임이 무거워도
무거운 테를 내지 않는다

보경사가 인상을 구긴 적이 없다

내연산 열두 폭포가
주야로 소리를 해도
보경사가 인상을 구긴 적이 없다

아무리 보경사가 나이를 먹었어도
열두 폭포가 먼저 태어났지
보경사가 먼저 태어난 게 아니다

열두 폭포에 비해
뒤늦게 태어난 보경사가
분수를 모르고 인상을 구기겠는가

열두 폭포가 같은 목소리를 내는지
각자 다른 목소리를 내는지
보경사는 궁금하다

한겨울에
열두 폭포가 입을 봉하기라도 하면
열두 폭포의 안부가 궁금하다

내연산 열두 폭포가

주야로 소리를 해도
보경사가 신경질을 낸 적이 없다

보경사 장독대

정진하고 있는
장독들을 보면
보경사를 그냥 알 수 있다

저 많은 장독들이
일사분란하게
정진한다는 게 쉬운 일이 아니다

뭘 붙들고
다들 저리 늘어지는지
궁금하다

죽비로 등짝을 두드릴
엄두를 내지 못하는 것은
끼어들 틈이 없어서다

저 많은 장독들을
다스리는 길은
죽비가 아니라 주장자다

누구 하나도

빠스락거리는 소리를 낸 적이
없다

정진하고 있는
장독들을 보면
보경사를 그냥 알 수 있다

보경사 가을 탱자나무

가시는
고슴도치인데
몸은
기린이다

쫓기는
작은 새들을 위하여
태어났는지도
모른다

흰 꽃이 물러난 자리에
얼굴 내민 열매가
해와 달, 별빛을
가만둘 리가 없다

해와 달, 별빛이
가시, 가시를
두려워하지 않았기에
가능한 일이다

가시는

고슴도치인데
몸은
기린이다

용화사 탄생기

6·25전쟁 미망인인
용화사 탄생기는
눈시울이 뜨거워지지 않고는 배길 수 없다

경북 기계 비학산 전투에서 전사한
고 육군대위 고 권태흥공의 시체를 찾아 헤맨
아내의 꿈에 얼굴 내민 고인이
용산고지에서 전사하였음을 계시함에
초암을 마련하여
영령의 안치소로 삼은 자리에 태어난 절이
용화사다

용화사의 탄생기에
눈시울이 뜨거워지지 않은
먼 걸음을 한 길들은 하나도 없을 것이다

전사한 남편이
극락왕생하길 바라며 낳은 용화사는
기계 비룡산 전투에서 의롭게 싸우다가
장렬히 산화한
모든 장병, 학도병들의 명복도 빌고 있다

6·25전쟁 미망인
용화사 탄생기는
눈시울이 뜨거워지지 않고는 배길 수 없다

4부

형산강

저걸
뭐라 해야 하나

서두른다고 해야 하나
느긋하다고 해야 하나

세상사는
모두가 다 상대적인데

누구는
서두른다고 하고
누구는
느긋하다고 하겠지

내게는
서두르지도
느긋하지도 않게 보이는데

저걸
뭐라 해야 하나

호미곶 일출

1

해가
얼굴 내미는 것은
얼굴 내밀지 않으면
호미곶이 안절부절못해서다

호미곶이
어딘가로
여행을 떠나지 않고
그냥 그 자리에서 버티는 것은
자신이 없으면
해가 안절부절못해서다

2

바다 밑에서
누군가가
붉은 공을 힘차게 내던진다

그걸 받아내려고

호미곶이 손을 벌리고 있다

오늘은
호미곶이 받아낼 수 있으려나

조준이 문제가 아니라
거리 조절이 문제다

방향이
더 큰 문제다

언제나 힘이 남아돌아간다

내연산은 모든 이들과 내연관계이다

내연산은 나와 내연관계이다

아니다
아니다

12폭포로 이름을 날린
내연산은 나와만 내연관계가 아니라
모든 이들과 내연관계이다

힘없고 게으른 나와만 내연관계였다면
내연산이 진즉 사고 쳤을 텐데
모든 이들과 내연관계이기에
사고치지 않은 것이다

상생폭포,
보현폭포,
삼보폭포,
잠룡폭포,
무풍폭포,
내연폭포,
연산폭포,

은폭포,
제1북호폭포,
제2북호폭포,
실폭포,
시명폭포

내연산이 낳은 것들 중에
다른 것 차치하고
열두 폭포를
모두가 달려들어도
만족시킬 힘이 없는데
나와만 내연관계이겠는가

12폭포로 이름을 날린
내연산은 나와만 내연관계가 아니라
모든 이들과 내연관계이다

오어사

갠지스강의 모래알만치나 많은
부처를 꿈꾼
항사사가 오어사로 개명한 것은
혜공과 원효가 서로 우김질을 한 덕이다

혜공과 원효가
물고기를 한 마리씩 먹고 눈 똥이
물고기가 되어
강물을 거슬러 올라갔는데
서로 자기 것이라 우김질을 하였단다

물고기로 변신한 똥이
그냥 떠내려가지 않고
거슬러 올라가지 않았다면
오어사가 아니고
여전히 항사사였을 것이다

물고기로 변신하지 못한 똥은
거슬러 올라가지 못하고
강물을 떠내려가다가
흩어졌을 것이다

오어사에서
생명은 거슬러 올라가는 힘이라는 것을
깨닫고만 와도 된다

갠지스강의 모래알만치나 많은
부처를 꿈꾼
항사사가 오어사로 개명한 것은
혜공과 원효가 서로 우김질을 한 덕이다

호미반도 해안 둘레길은 눈도장 찍어야 할 게 너무 많다

호미반도 해안 둘레길은 눈도장 찍어야 할 게
너무 많다

하나라도 빼먹으면 호미곶을 만나봤다고
어디 가서 말을 뱉지 못할 나는
결벽증 환자이다

결벽증도
그냥 결벽증이 아니라
심한 결벽증이다

해병상륙훈련장에서 시작하여
해맞이 광장까지
호미반도 해안 둘레길에 둥지 튼 것들과
건성건성 눈도장을 찍는 게 아니라
확실하게 찍어야 한다

해병상륙훈련장,
도구해수욕장,
연오랑세오녀 테마공원,
귀비고,

선바우,
흰디기,
하선대,
흥환간이 해수욕장,
장군바위,
구룡소,
독수리바위,
해맞이 광장은 물론
동해와
눈도장을 찍어야 한다

다들
먼 걸음을 한 길들 중 하나인 나를
기억할 수 있도록
뭔가 깊은 인상을 남겨야 한다

호미반도 해안 둘레길은 눈요기할 게
너무 많다

밤이면 영일대가 포스코에 꽂히다

밤이면 영일대가 포스코에 꽂혀
몸 둘 바를 모른다

좀 더 가까이서 보려고
바다로 뛰어든
영일대를 붙드느라 다들 안간힘을 쓰고 있다

영일대를 부잡하다고 할 수 없는 것은
밤이면 누구든
바다 건너 포스코에 꽂히지 않을 수 없어서다

빛기둥
그러니까 윤슬, 윤슬이
영일대를 가만두지 않는다

보지 않겠다고
눈 감으면 더 잘 보이는 게
윤슬, 윤슬이다

밤이면 영일대가 포스코에 꽂혀
몸 둘 바를 모르는 것은
운명이다

죽장 하옥계곡이 야영과 취사를 허용하다

잘빠진
죽장 하옥계곡이 야영과 취사를 허용하고 있다

만에 하나
사고 날 경우를 대비하여
인명구조 장비도 준비해 놓았다

용변 해결하지 못하면
야영도 취사도 할 수 없기에
화장실도 갖춰 놓았다

너무 깊지도
너무 얕지도 않은 것은
어른 아이들 모두를 위해서다

아이들을 즐겁게 해 주려고
피라미, 다슬기, 꺽지도 나섰다

반반한
죽장 하옥계곡이 야영과 취사를 허용하고 있다

포항운하

연오랑호,
세오녀호,
아쿠아파티스호가
먼 걸음을 한 길들을 극진히 모신다

동빈내항이
포항여객선 터미널이
송도해수욕장이
형산강 하구가
선착장이
먼 걸음을 한 길들이 지루하지 않도록
별 것을 다 보여 준다

별 것 중에
포항스틸아트가
별미다

철로 낳은
파도,
꽃,
장사의 꿈

연오랑호,
세오녀호,
아쿠아파티스호가
먼 걸음을 한 길들을 극진히 모신다

경상북도 수목원을 가을에 만나다

사계 중에
경상북도 수목원을 가을에 만나고 있다

백합원과
창포원은
훗날을 기약할 수밖에 없다

삼미당도
나에게 보여줄 게 그다지 많지 않다

가을에 수목원이 내세우는 건
단풍나무와
은행나무다

한때 내 눈에
단풍나무와
은행나무가 유세를 부리는 것으로 보였다

지금은
해와 달, 별빛을 챙긴
단풍나무와 은행나무가

해와 달, 별빛을 주체하지 못하는 것으로 보인다

사계 중에
경상북도 수목원을 가을에 만나고 있다

연오랑 세오녀 테마공원은 일본 친선대사다

늦둥이
귀비고를 애지중지하는
연오랑세오녀 테마공원은 일본 친선대사다

바위에 몸을 싣고
일본으로 건너가 왕이 된
연오랑과 세오녀를 기리기 위해서
얼굴을 내민
연오랑세오녀 테마공원이
일본 친선대사가 아니면
누가 일본 친선대사이겠는가

세오녀가 짠 비단을 보관하기 위하여
늦둥이 귀비고를 낳은
연오랑 세오녀 테마공원은
생각이 깊고 넓다

하늘에 제사 지낸
영일현의 이름을 차용한
영일대가
해가 솟는 곳에 꽂힌 것은

왕과 왕비가 된
신라인 연오랑과 세오녀가 그리워서다

연오랑 세오녀 테마공원이
얼굴 내민 것만으로도
불편한 한일관계를 개선하는 데
도움이 된다

귀비고를 애지중지하는
연오랑세오녀 테마공원은 일본 친선대사다

철길숲과 불의 정원이 얼굴 내밀었다

철길숲과 불의 정원이 얼굴 내밀었다

철길숲은
철길이 있던 자리에
얼굴 내민 것이고
불의 정원은 우연히 얼굴 내밀었는데
어부지리다

철길숲과
불의 정원이 의기투합하여
시너지 효과를 발휘하고 있다

불의 정원을 만나러 왔다가
철길숲을 만나고
철길숲을 만나러 왔다가
불의 정원을 만난다

철길 숲은
하늘로 가는 기관차를
거느리고 있다

불의 정원이
삼겹살 구워 먹는 것을 허용하고 싶지만
불의 정원 마음대로 할 수가 없다

철길숲과 불의 정원이 얼굴 내밀었다

장기유배문화체험촌은 생각을 업그레이드해 야 한다

고정관념에 사로잡히지 않도록
장기유배문화체험촌은 생각을 업그레이드해야 한다

먼 걸음을 한 길들이 유배를 왔다고 생각하고
유배객들이
유배생활 중에 겪은 일들을
체험하게만 하지 말고
어떻게 처신해야 유배를 당하지 않을 수 있는가도
가르쳐야 한다

그때 그 시절에
나라와 백성을 위하여
소신껏 발언을 하여
유배를 당했다면
더 이상 바랄 게 없지만
처신을 잘못하여 유배를 왔다면
장기가 잘 가르쳐 돌려보냈을까

장기유배문화체험촌이
먼 걸음을 한 길들에게 가르쳐야 할 것은
유배를 당하지 않고 사는

기술을 가르쳐야 한다

고정관념에 사로잡히지 않도록
장기유배문화체험촌은 생각을 업그레이드해야 한다
고정관념을 깨야 한다

구룡포 근대역사관의 눈빛 전언

지나간 미래가
하시모토 젠기치 가옥인
구룡포 근대역사관이 나에게 눈빛을 보낸다

누가 들어도 듣기 싫을
일본 덕에
조선이 근대화된 것이 사실이란다

나의 인상이
구겨진 것을 눈치챈
구룡포 근대역사관이 이번에는
일본이 조선을
36년 동안 수탈한 것도 사실이란다

일본이 투자한 만큼
거둬들였는지
거둬들이지 못했는지
계산할 수가 없단다

팔굉일우를 내세워
조선을 징검다리 삼아

중국까지 먹으려 한 죗과는
씻을 수 없단다

누구 편을 드는지
잠시 헷갈리게 한
구룡포 근대역사관이
마침내 바른 말을 한다

지나간 미래가
하시모토 젠기치 가옥인
구룡포 근대역사관이 나에게 눈빛을 보낸다

구룡포 일본인 가옥거리

구룡포 일본인 가옥거리가
정신을 차렸나
정신을 차리지 않았나

내 눈에는
반성하는 기미가 보이는데

이렇게 살아남은 걸
감지덕지하게 생각하고 있다

송환이 불가능하다는 걸
누구보다 잘 알고 있다

잘한 것보다
잘못한 게 더 많다고 해도
이의를 달지 않는다

위안부 이야길 꺼내면
등을 돌린다

귀뺨을 때리고 싶지만

참는다

구룡포 일본인 가옥거리가
정신을 차렸나
정신을 차리지 않았나

호미곶은 '상생의 손'이 말한다

호미곶은 '상생의 손'이` 말한다

저명인사들이 너무 많은
호미곶은
다들 너무 잘나 시끄러울 것 같지만
그렇지 않다

'상생의 손'이 선언한 대로
국립등대박물관,
흑구문학관,
새천년기념관,
바다화석박물관,
수석박물관이
서로 상생하고 있다

국립등대박물관,
흑구문학관,
새천년기념관,
바다화석박물관,
수석박물관 사이에
무슨 불상사가 있었다는 말을

들어보지 못했다

'상생의 손'이 선언하지 않아도
상생, 상생만이 살 길이다

호미곶은 '상생의 손'이 말한다

국립등대박물관은 이용후생의 달인이다

바다의 등대 못지않게
늠름한
국립등대박물관은 이용후생의 달인이다

등대의 지나간 미래가
밤하늘의 별들이기에
별들의 수고를 등대가 덜어준 셈이다

바다의 뱃길을 밝히는
등대에 대한 모든 것을
국립등대박물관이 다 챙겨 놓았다

먼 걸음을 한 길들이
우리나라에 얼굴 내민 등대를
다이제스트판으로 다 맛 볼 수 있다

등대는
바다의 신 포세이돈에게는
눈엣가시일 게 분명하다

바다의 등대 못지않게

늠름한
국립등대박물관은 이용후생의 달인이다

오천서원이 정몽주 유허비를 챙기다

의젓한
오천서원이 정몽주 유허비를 챙겼다

선죽교에서 비명에 간
포은 정몽주의 묘는 용인이 챙겼다

오천서원이
정몽주 유허비를 챙긴 것은
영덕이 탯자리인 정몽주가
어린 시절 포항과 함께하여서다

효자 중의 효자인 정몽주를
비명에 가게 한 것이
하늘의 도道냐고
하늘에게 따지고 싶다

정몽주가
비명에 가지 않았더라면
조선이 어떤 모습으로 태어났을지
궁금하다

늠름한
오천서원이 정몽주 유허비를 챙겼다

포항이 서원을 이리 많이 낳은 까닭은
- 오천서원에서

포항이
서원을 이리 많이 낳은 까닭은

낳을 것이 한두 가지가 아닌데
포항이 아랫도리에 힘이 좋다고 해서
서원을 이리 많이 낳을까

포항이
서원을 이리 많이 낳은 까닭을
알아내기 전에는
서원 밖을 나가지 않을 것이다

오천서원,
입암서원,
금산서원,
덕림서원,
서삼서원,
학삼서원,
광남서원,
중앙서원,
봉강서원,

삼명서원,
안산서원,
나곡서원,
봉덕서원,

반반하고
늠름하고
걸진 서원을
포항이 이리 많이 낳은 까닭은

유레카,
유레카

가방끈이 긴
우암 송시열,
다산 정약용이
포항과 동고동락한 때문이다

포항이 머리가 큰 이유를 뒤늦게 알았다

포항이 머리가 큰 이유를 뒤늦게 알았다

본의 아니게
우암 송시열, 다산 정약용을 비롯하여
가방 끈이 긴 유배객들을 떠맡았는데
유배객들이 숙식 값을 제대로 한 것이다

조선왕조실록에 삼천 번 이상 얼굴을 내민
우암 송시열과
조선 실학을 집대성한
다산 정약용과 함께하였으니
포항 역시 저절로 가방 끈이 길어진 것이다

달리 말하면
놀아도
우암 송시열, 다산 정약용과
포항이 논 것이다

앞으로도
포항은
가방 끈이 긴 사람과 놀려 할 것이다

이제
포항이 머리가 큰 이유를
누구나 다 알 것이다

형산과 제산은 형제간이다

포항의 젖줄인
형산강을 사이에 둔
형산과 제산은 형제간이다

본의 아니게
6·25전쟁 때
형산강을 사이에 두고
북한군이 국군이
박 터지게 싸우는 바람에
형산도 제산도 몸이 망가졌다

동족상잔의 비극을
형제간인
형산과 제산이 맛보게 되었는데
형산과 제산은
망연자실과 가까이 지낼 수밖에 없었다

누구의 편도 들지 않은
형산강이
핏빛으로 물들었다

포항의 젖줄인
형산강을 사이에 둔
형산과 제산은 형제간이다

형산과 제산이 눈빛을 주고받다

저 무심한 강물을 사이에 두고
격전을 벌인지
금년이 칠십 년이네요

- 십년이면
강산도 변한다는데
칠십 년이 지나도록
동족끼리 지금까지 적대관계라니

몸 곳곳에 박힌
우리 몸을 어장나게 한
녹 슬은 탄알과 탄피가
수거된 것보다 수거되지 않은 것이
훨씬 더 많지요

- 먼 훗날
녹 슬은 탄알과 탄피가
우리 몸의 살이 되겠지

상처를 덧나게 하지만 않으면
다행이지요

- 다시는 이런 일이 벌어지지 않아야 하는데
마음을 놓지 못할 때가 간혹 있네

장기가 다산에게 안겨준 게 적지 않다

서울 중앙에서 오지인 장기가
220일 동안
다산에게 안겨준 게 적지 않다

61題 186首의 시,
4 편의 편지,
석지부惜志賦,
촌병혹치村病或治,
이아술爾雅述,
기해방례변己亥邦禮辨,
삼창고훈三倉詁訓를 안겨 주었다

아무에게나
이 많은 것을 안겨 줄 장기가 아니다

다산이
장기에게 밉보이지 않았기 때문에
장기가
이 많은 것을 안겨준 것이다

황사영백서黃嗣永帛書가

이 많은 것들 중 일부를
다산으로 하여금 분실하게 한 것을
장기가 뒤늦게 알고 마음이 편치 않다

서울 중앙에서 오지인 장기가
220일 동안
다산에게 안겨준 게 적지 않다

포항이 이육사로 하여금 청포도를 낳게 하다

포항 신항 근처 언덕의 포도밭을
이육사가 만나지 않았더라면
청포도는 태어나지 않았을 것이다

이육사의 눈에 띈
포항 신항 근처 언덕의 포도밭이
이육사에게 영감을 주어
청포도가 태어난 것이다

포항 신항 근처 언덕에 올라
청포도를 읊으면
하늘 밑 푸른 바다가 가슴을 열고
흰 돛단배가 곱게 밀려올 것이다*

청포도, 청포도
고등학교 교과서에 실린 청포도의 탯자리가
포항이다

포항 신항 근처 언덕의 포도밭을
이육사가 만나지 않았더라면
청포도는 태어나지 않았을 것이다

* 청포도 싯귀를 차용하였다

포항에 땅끝마을이 있다

해남만 땅끝마을이 있는 게 아니라
포항도 땅끝마을이 있다

포항시 남구 구룡포읍 석병리가
땅끝마을이다

그게 뭔 말인가,
그게 뭔 말인가
의문이 갈 것이다

남쪽으로만 땅끝이 있는 게 아니라
북쪽으로도
서쪽으로도
동쪽으로도 땅끝이 있다

북쪽과 서쪽의
땅끝마을이 어디인지 궁금하다

해남만 땅끝마을이 있는 게 아니라
포항도 땅끝마을이 있다

그 많은 갈대들은 다 어디로 갔는가

여름에는 푸른 제복을 입고
겨울에는 누런 두건을 쓰고
일사분란하게 행동하던
그 많은 갈대들은 다 어디로 갔는가

그 많은 갈대들은 어디론가 사라지고
그 자리에 포스코사가 자리를 잡은 지
수십 년이 지났다

그 많은 갈대들이
한꺼번에 이동을 하였으면
바로 눈에 띌 텐데 띄지 않은 것은
그냥 그 자리에 주저앉았다는 것이다

영혼은 제 몸뚱일 흔들어
어디론가 피신하였어도
육신은 더러는 땅에 묻히고
더러는 파헤쳐져
어딘가에 버려졌을 것이다

제복을 입은

모자를 쓴
포스코가 게으름을 피우지 않고
저리 열심히 일하는 것은
갈대들의 죽음이
헛되지 않도록 하기 위해서인지도 모른다

송도 해변 평화의 여신상이 내 눈에 담기다

송도 해변 평화의 여신상이 내 눈에 담겼다

내가 눈에 담아왔는지
평화의 여신상이
내 눈에 뛰어들었는지 헷갈린다

내가 눈에 담는 것과
평화의 여신상이
내 눈에 뛰어드는 것이
동시에 이루어졌을 수도 있다

내 눈에 담긴 평화의 여신상이
내 눈에서 나갈 생각을 하지 않기에
고민이다

솔직히 말해서
실오라기 하나 걸치지 않은
평화의 여신상은 조신하지 않다

나의 눈에만 담기는 게 아니라
먼 걸음을 한 길들의 눈에

다 담길 수도 있다

송도 해변 평화의 여신상이 내 눈에 담겼다

사의재 시선 90

포항

1판 1쇄 인쇄일 | 2020년 11월 25일
1판 1쇄 발행일 | 2020년 11월 30일

지은이   김재석
펴낸이   신정희
펴낸곳   사의재
출판등록 2015년 11월 9일 제2015-000011호
주소   전라남도 목포시 용당로 331번길 88, 202동 202호
전화   010-2108-6562
이메일   dambak7@hanmail.net
© 김재석, 2020

ISBN 979-11-88819-90-4 03810

지은이와 출판사의 동의 없이 이 책의 내용 중 전체 또는 일부를 인용하거나 발췌하는 것을 금합니다.

뒤표지 사진은 포스코 역사관으로부터 제공 받았습니다.

값 10,000원

이 도서의 국립중앙도서관 출판예정도서목록(CIP)은 서지정보유통지원시스템 홈페이지(http://seoji.nl.go.kr)와 국가자료종합목록 구축시스템(http://kolis-net.nl.go.kr)에서 이용하실 수 있습니다. (CIP제어번호 : CIP2020049124)